우리 집엔 귀신이 산다

우리 집엔 귀신이 산다

초판 1쇄 인쇄일 | 2024년 09월 10일
초판 2쇄 발행일 | 2024년 11월 2일

지은이 | 강정례
펴낸이 | 맹경화
펴낸곳 | 도서출판 푸른산
디자인 | 단청
등록번호 | 제 301-2013-107호
주소 | 서울시 중구 을지로18길 25-2 302호
TEL | 02-2275-3479
FAX | 02-2275-3480
E-mail | csmac69@hanmail.net

값 10,000원

ISBN 979-11-985142-3-3 03810

이 책자는 저작권법에 의해 보호를 받는 저작물로
저자와 출판사의 허락 없이 내용의 일부를 인용하거나
발췌하는 것을 금합니다.

• 책 가격은 뒤 표지에 표시되어 있습니다.
• 지은이와 협의에 의해 인지는 생략합니다.
• 잘못된 책은 교환해 드립니다.

푸른산 시선집 237

우리 집엔 귀신이 산다

강정례 시집

푸른산

비가 와서 그녀의 어깨가 젖어도
안 암의 통증에 눈동자가 젖어도
난 알아채지 못했어요
국화꽃이 시들어 마른 바람에 뒹굴고
땅속 깊이 녹아내릴 때
내게 얼마나 소중한 사람이었는지
나를 얼마나 사랑했는지도 알게 되었습니다
이승의 소풍을 끝내고 다시 그녀를 만나면
한 번도 하지 못한 사랑한단 고백을
하고 싶습니다

차 례

시인의 말 • 5
후기 • 126
평론(김왕노) • 131

제1부
나의 미래는
—
창백해지는 우주의 푸른 점 • 17
나비소금 • 18
한통속 • 19
4초의 미련 • 20
김밥 • 21
엄마 • 22
나의 미래는 • 23
노안 • 24
지갑 • 25
별빛 • 26
4.16 비 오는 날의 일기 • 27

바이러스 • 28

그날 아침 • 29

거울아 거울아 • 30

숨 • 32

씨 된장 • 33

손톱 • 34

물레방아 • 35

선물 • 36

제2부
사랑
—

사랑 • 43

우리 집엔 귀신이 산다 • 44

그땐 몰랐었다 • 46

비 내리는 부침개 • 47

종자씨 뿌리기 • 48

내일은 네가 왔으면 좋겠다 • 49

오늘에야 안부를 묻는다 • 50

첫 탕국 먹는 날 • 51

시를 찾아서 • 52

맴놀이 떠나가는 • 53

몽이와 엄마 사이 • 54

굴레 • 56

외로운 밤 • 57

꿈을 부르다 • 58

애벌레 • 59

촛불과 어머니 • 60

아직도 가끔은 • 61

산딸기 • 62

모히또 • 63

시가 오는 길 • 64

밤 바닷가에서 • 65

양평의 사계 • 66

제3부
가람을 걷다

—

비밀번호 • 73

그 순간 • 74

딸아 • 76

8033호실에서 • 78

블루베리의 밀어 • 79

훔친 그림자 • 80

복권 • 81

사우나 • 82

바다 너머 무엇이 있을까 • 84

지금 나는 • 86

관절 • 87

엄마 냄새 • 88

꿈 • 89

눈썹을 열고 닫을 때 • 90

마침 사이 • 91

가람을 걷다 • 92
내 친구야 • 94
오래오래 살려고 • 95
바람 • 96

제4부
풀쑥 물들다

대파와 쪽파 • 103
모종 • 104
지나가는 것들 • 105
하얀 국화꽃 놓일 때 • 106
오아시스 365 • 108
옷고름을 여미고 • 109
손금 • 110
풀쑥 물들다 • 111
그와 함께 • 112
서로에게 얼룩이 되다 • 114
적과 흙의 블루스 • 115

연꽃 • 116
나의 시간 • 117
어머니의 근로기준법 2 • 118
사람들은 • 120
살풀이 • 121
벽장속의 애인 • 122
순이와 우식이 워낭소리 • 123

제1부

나의 미래는

창백해지는 우주의 푸른 점

엄마는 언제부터 밤하늘을 보기 시작했을까
엄마의 엄마 또 엄마는…

파도를 기어오르는 햇살이 빙하를 녹이면서
믿을 수 없는 일들이 생겼다

물고기들은 녹슨 바닷물로 떠다니고
빌딩 숲은 땅속 두더지들을 가두었다

광속의 빛으로 변해가는 마천루 사이로 대롱대롱 매달려
왜 피타고라스를 생각하고 뉴턴을 기억해야 하는지

자연을 갉아먹으며 살아가는 우리는
더 이상 별을 보지 못한다

46억 년을 지켜온 따뜻한 엄마의 목소리를
내 아이의 아이는 들을 수 있을까

나비소금

수십 년 햇살 녹인 노인의 손
아이가 좋아하는
장독에 빨간 고추장을 담고
소금 이불을 덮는다
새살아 돋아라 돋아나라
주문을 왼다
계절은 차갑게 혹은 뜨겁게 피고 지고
노인의 숨결로 빚은 꽃살 위엔
하얀 안개꽃이 피었다
옛적 아이는
굽어진 노인의 등을 생각하며
아침마다 햇살 받은 나비 이불을 걷는다

한통속

딸은 아스파라거스를 나는 마늘종을 볶았다
딸은 크림수프를 나는 청국장을 끓이는
한 지붕 가족의 다른 살림이다

그녀는 유럽풍 접시에 샐러드와 와인을
나는 투박한 막사발에 비빔밥을
서로의 입맛을 흉보고 탓하는
닮았어도 닮지 않은 동거인이다

남편이 밤늦게 술 취해 들어온 날은 다르다
아직도 이팔청춘이냐고
내가 해야 할 잔소리를 딸은 끝도 없이 쏟아붓는다
나도 모르게 미소가 떠오르는 것을 보면
우리는 영락없는 한통속이다

4초의 미련

그놈은 은하계의 사생아
소낙비의 비명이 우물 깊은 곳에서
단숨에 차오른다
담벼락이 깨지든 가지가 휘어지든 상관없이
이기적인 그는 벌거숭이로 돛을 내려
존재감 하나로 제 밥그릇을 챙긴다
그놈은 키다리 아저씨가 되고
지킬과 하이드 박사가 되어
이러쿵저러쿵 고비고비
바람의 길을 묻는다
아직도 그 피조개 속살 같은 우물에서
수선화를 피울 수 있는지도

은하계 4초의 여정이 아쉬웠던 게다

김밥

바다풀에 몸뚱아리를 말고 있다
색색이 은밀하게
믿어서 더 후회하지 않도록
부서지고 헤지는 일 없도록
정처 없이 누르는 몸짓이
바다풀에 그들을 가두어 버린다
잠깐의 소풍을 위해

엄마

구수한 된장 냄새나는
엄마에게 간다

머리엔 붕대를 두르고
오른쪽 눈까지 안대인 그녀는
바쁘고 힘든데 뭐 하러 왔냐며
저승꽃 핀 볼 터치에 웃음을 입힌다

어린 날 학교 다녀온
내 얼굴을 먼저 살피던 엄마처럼
아픈데 없어?
먹고 싶은 것 없냐고
코메인 소리로 물어보면
괜찮다 고맙다고만 하신다

구멍 난 엄마의 여든다섯 번째 겨울이
병상의 밑바닥에서 찢겨 나가고 있었다

나의 미래는

엄마, 왜 그렇게 쳐다봐요
너를 보면 젊었을 때 나 같아서
늙고 병든 엄마의 뒷모습에
덜컹 겁이 난다

노안

실눈으로 읽어 내리는 가계부 한켠에
찬 겨울이 팔짱을 끼고 노려본다
시선을 맞추고 맞춰도 흔들거리는 항목들은
물안개처럼 희미하고
미간의 골짜기는 깊어만 간다
어느새 어른이 된 딸이 돋보기를 내민다
긴 한숨을 토하고
애꿎은 커피잔에 초조한 입질을 해 댄다
저만치 목에 힘을 주고 철없이 다가오는 남편을 보며
나는 웃어야만 했다
포말처럼 부서지는 수많은 계절들이 지나가도
제자리를 지켰을 뿐인데..
다시 황소눈을 뜨고 돋보기를 쓰고
겨울이 따뜻해지는 가계부를 써 내려간다

지갑

네가 목젖까지 차오르면
수족관 소라껍질 속에서도
싱싱한 파도 소리를 들을 수 있다

채워진 품위 있는 몸피가
원치 않는 곳으로 튕겨 나가버릴 때
목구멍엔 얼음 새 꽃이 피고
무릎이 시리다

네가 두둑한 배짱으로
지친 산등성이를 넘어 내게 올 땐
범벅된 땀 내음이 도도히 향기롭다

그런 네가 나는 좋다

별빛

어둑한 뒤뜰에 우두커니 서 있으면
하늘에서 별빛 하나 내려와
야윈 밤나무 우듬지에 앉아 중얼거린다

산다는 것은
젖은 낙엽이 땅 위를 뒹굴듯
묵묵히 견뎌내는 일이라 말한다

길게 내뿜는 담배 연기가
흐릿한 새벽안개를 휘감아 하늘로 올라가는 그곳에
죽은 자의 혼이 별빛을 타고 온 것이다

긴 밤을 살아내어
아침을 데려오는 것이라 말하며
내가 그들이 되기까지 좀 더 견뎌 보라 말한다

4.16 비 오는 날의 일기

부러진 발톱으로 젖은 가지에
매달린 참새들
먹구렁 아가리 벌려 으르릉거리고
거센 빗살은 날개 사이를 가른다

비겁한 수평선 밑에는
엄마를 찾는 아이들의
피 흘리는 절규가
수면 속으로 녹아들고 있었다

4.16에는 어린 영혼들과
언제나 똑같은 일기를 쓰는
그날의 기억
기억들이

바이러스

우리는 매일 독을 마신다

꽃이 피면 꽃가루에 아프고
낮달이 뜨거워서 아프고
시린 나무에 부대껴서 아프다

천년이 지나 이천년이 와도 아파서
더 센 약을 처방받는다
전쟁을 하면서 평화를 외치고
신종 바이러스를 만들어 바이러스를 죽인다

내일은 더 괜찮을 거라는 기대로
수수께끼를 풀어가는 사람들

죽었다 살았다 하루를 살아가는 우리다

그날 아침

내가 놓아버린 그녀의 몸무게는
심장이 없는 뿌리로 버티다가
결국은 무너지고 말았다
파리한 그녀의 이마가
시간의 추를 따라 차갑게 변해가면서
창가에 놓인 꽃병의 물도 말라 버렸다

마른 눈물은 혼불이 되어
시시때때로 나를 끌어당기고
숨을 쉴 때마다 시간은 달아나
내 기억 속에 푸른빛이
한 걸음씩 나를 끌고 가는 꿈을 꾼다

그렇게 허둥대는 길 한가운데서
그녀의 손을 잡는 순간
멀리서 울부짖는 아이들의 비명소리가 들렸다
칙칙거리는 다급한 밥솥 추가
미명을 깨우는
미세먼지가 안개를 두르고 사라지는 아침이었다

거울아 거울아

거울을 보면
엄마가 앉아 있다

이런 날은
소싯적 너머 기억으로
시간 여행을 한다

먼저 간 남편을 억장 속에 묻으며
어린 세 촉의 난을 위해
가쁜 숨 휘몰이로
생살 같은 밥상을 차렸다

목구멍과 가슴 틈새 밀 풀이 자라는데
당신은 빈 도마 위에 과장된 칼질로
허기를 속였다

허구한 날 산이 좋다 꽃이 좋다 하시더니
까치발 바라보던 그리운 산에
하얀 구절초로 피었다

거울을 보면
엄마 내음 풍기는 구절초 한 무더기
나를 보고 앉아있다

거울아 거울아

숨

남한강을 걷는다
산도 구름도 품 안에 넣고
어린 별들에게 팔베개를 해주고
노을을 이불 삼아 자장가를 부른다

내 안에 강은
어제와 내일을 품고
변성기 지난 풀피리 소리를 내며
남한강 모래톱에서 숨을 고른다

생각해 보면
강은 오래전부터
어머니의 숨소리였다

씨 된장

무심코 한 수저 푹 퍼다
다시 내려놓는다
한 움큼 남은 된장
먹고 싶지만 먹을 수가 없다
노인의 숨결이 빚어낸 나비 소금 위로
하얀 안개꽃이 피었다

그녀가 떠나고
하나둘 사라지는 이런저런 것들
씨 된장마저 비우면
영영 사라질까 두려워
그녀의 맛깔진 심장을
새 된장 속에 깊숙이 버무렸다

손톱

시간을 버티어 살아내는 마른 껍질은
자르고 잘라도 악착같이 자란다
늙음이 입혀져서 갈라지고 벗겨져도
손끝에 수발은 멈출 줄을 모른다
그녀가 남겨준 그리움마저도
닳은 손톱 끝에서 자란다

물레방아

진짜 집을 찾으러 자꾸 태어나는 걸까

지금의 내 나이는 아닐게다
열 번은 넘게 태어났을 텐데
600살이 넘었을지도 몰라
엄마의 눈동자도 꿈꾸듯 달아나며
온 힘을 다해 내 몸을 스캔하고 떠났다
부처님 하느님 같은 삶을 살고도 기적은 없었다
혹 그녀가 열한 번째 태어날지 몰라
진짜 집을 찾고 있다

선물

손톱이 지문 위에 내려앉아
엄마를 닮아가는데
굳은살이 성을 쌓고
거칠은 나이테 껍질 위로
다시 살아나기를 바라는 것이죠
그녀가 그것을 복제해서
나에게 달아놓고 떠났어요
지문이 돌아가는 끝으로 가면
가시가 자라고
시간이 그를 갉아먹고 있지만
세상 하나밖에 없는 그녀의 선물입니다

제2부

사 랑

사랑

네 곁이라면
네 곁이라면
홀로 있어도 나는 좋다

우리 집엔 귀신이 산다

엄마가
벌거벗은 채 목욕탕 대야에 넘치는 물을 잠근다
그녀의 오지랖이 내 등을 떠밀어
흘러넘치는 대야를 바라보게 한다
그녀는 내 몸과 머릿속을 들락거리며 잔소리를 해 댄다
물기를 짠 음식 쓰레기를 볕에 말리고 갈아서
화분에 주던 일들을 나에게 시키고
미뤄놓은 설거지통으로 나를 데려가고
비 오는 날엔 헐레벌떡 뛰어가는 내게 우산을 건네주기도 한다

삐딱하게 살고 싶을 때마다 그녀는 나를 바로 세운다
내 나이가 늘어갈수록
그녀는 내게 착 달라붙어서 나를 곰삭이고 발효시킨다
매일 똑같은 시간에 나를 흔들어 깨우고
나는 늘 하던 대로 밥을 짓고
그녀의 능숙한 손끝으로 찬을 버무린다
이제 나는 그녀가 되어 가고 그녀는 내가 되었다

오늘은 두근거리는 가슴을 안고 구둔리 무덤에 있는 아버지
그녀의 연인을 만나러 간다

그땐 몰랐었다

늘 당연한 줄 알았다
아무 일도 없는 것이 다행인 줄 몰랐다
벌어진 병실복 앞섶이
먼 길 떠날 준비라는 걸 몰랐다
이마가 정수리까지 넘어가고 광대뼈가 튕겨 나올듯한
얼굴은
예전의 모습으로 돌아올 거라 믿었다

어느 날 모든 게 선명해졌다
패랭이꽃은 그녀가 좋아하는 것이었고
아침 햇살은 그녀의 포근한 미소였고
수제비 그릇 속엔 그녀의 눈물이 보였다
비가 내리고 바람이 부는 날엔
엄마의 부추부침개가 생각 나
텃밭의 부추를 뜯어 전을 부치고 막걸리를 마시기도 한다
눈에 띄는 모든 것들이 내 머릿속에 차곡차곡 쌓여있는 줄
그땐 몰랐었다

비 내리는 부침개

부슬부슬 비 내리는 날
청양고추 잘게 썰고 창호지 같은 밀풀에 빼곡히 부추 넣은
그녀의 쫀득하고 구수한 부침개 냄새가 난다
전을 부치는 엄마는 막걸리 한 잔을 나는 달디단 소주를
삼켰다

어느 날 그녀의 호탕한 웃음은 사라지고
따닥따닥 비 오는 부침개 소리만 요란하다
마주한 빈 의자엔 아직도 그녀의 온기가 서려있고
나는 그날의 기억들을 소주잔에 따른다

종자씨 뿌리기

백두산 기슭에 구름 패랭이
바위틈 수염 패랭이
바다 섬 갯 패랭이
우리 집 처마 밑 난쟁이 패랭이
천지 사이 몸을 열어 한 하늘 아래 산다

그들은 대책 없이 아이들을 낳고
대문 없는 담벼락까지 명패를 꽂는다
어둠이 오면 아이들은 은청색 옷을 입고
성년식을 치른다
다음날 햇살이 부서지는 뒷마당엔 패랭이 천지다

누가 뭐래도 지구는 공전하고
패랭이들은 제 할 일을 한다
번갯불에 콩 볶듯 빠른 노크로
나의 패랭이가 들어온다

밥 줘

내일은 네가 왔으면 좋겠다

하나이어야 할 땅 그 지척에서
남과 북 방향을 잃어가며
잡초 속에 부식되어 가고 있는 잔해들

찔레꽃은 평화로이 흐드러지고
목놓아 울지 않아
더 슬픈 저 얼굴들

언젠가는 오고야 말 그날엔 질주하리
이 땅의 아침 햇살이
포용의 몸짓으로 당당할 그날까지

두만강을 넘어 푹푹 발자국 찍으며
눈 쌓인 시베리아 벌판까지

오늘에야 안부를 묻는다

칠읍산 왼쪽 어깨가 기울며
해 질 녘 쪽창에 비친 산 그림자
몸 반쪽을 무너뜨린다

내 안의 상처는 바람이 불 때마다
어깨를 들썩이며 흔들렸고
덜컹거리는 청춘은 아프고 빠르게 지나갔다

창틈으로 스며드는 핏빛 노을
긴 혓바닥을 늘리며
내 눈동자 속으로 밀려드는데

오늘에야
나의 심장에게 안부를 묻는다
괜찮냐고

첫 탕국 먹는 날

그녀가 돌아오는 날이다

멀고 어두운 길
손발 없는 조기 한 마리가 마중 나갔다
즐기던 막걸리 한 잔을 곁들이고
탕국과 나물에 쓱쓱 밥을 비벼
그녀와 먹는 날이다
울컥울컥 솟구치는 울음을 삼키며
애써 웃는 얼굴로 서로의 안부를 묻는 날이다

오랜만에
그녀의 품에 잠들 수 있겠다

시를 찾아서

들녘에 노을이 쓰러진다
그 끝자락에
비껴드는 한줄기 양광 아래
은빛으로 부서지는
남한강 울음소리
무심한 갈바람과 뒹굴다
길 없이 서 있는
그
깊은 곳

맥놀이 떠나가는

종소리를 들었다
불전의 종이거나 풍경소리일 수도 있겠다

불모의 성에 주판알 튕기듯 오르락내리락
희미한 숫자가 새겨진다

젊은 날의 영혼은 어디에도 없고 늙은 거죽에
겉은 물커덩 하고 속은 단내가 없다

말라붙은 신전의 옹달샘
그 은밀했던 맥놀이는 실종되고 동굴은 적막해가는데

종소리 사라져가는 지금보다
발자국 없는 내일이 더 허망하다

그렇게 性은
거무튀튀한 입술을 타고 멀어져 갔다

몽이와 엄마 사이

몽이야 이리 와
초점 없는 눈동자로 그저 바라볼 뿐
바닥에 배를 붙인 청년이 꼬리치며 말했다
나보다 더 튼튼한 다리를 가진
네가 이리 와
청년보다 더 큰 손발을 가진 그녀가
두말없이 벌떡 일어선다

정아 이리 와
왜요? 하는 일 끝내고 갈게요
엄마는 거친 숨을 몰고 무거운 짐 덩이에
안간힘을 끌어올린다
있다가 하라니까!
짜증 내는 딸년의 소리가 건너간다
오래되고 가까운 것에는 무감각해지는 걸까

그녀가 떠난 후
자꾸만 깊어가는 옹달샘에
심장이 젖는다

굴레

마당에 들인 성근 봄빛이
초록 바람으로 이마를 스치는데
저 멀리 백운봉 기슭은 온통 백설로 쌓여있네

똑같은 달의 연속에도
봄은 새벽이슬로
얼어붙은 땅속을 새로이 피우는데

나는 아직도 깊은 겨울밤이다

외로운 밤

큰일을 치른 뒤
혼자 가는 길고 긴 밤이다

건너편 거실에서
조랑조랑 대는 TV 소리와 시댁 식구들의
벽을 뚫고 들려오는 박장대소

함께 어울릴 생각조차 없으니
나는 나이가 들었어도
늘 외롭다

멀리 있는 친정 언니에게는 하소연도 못하고
며칠째 아픈 몸을 억장 속에 구겨 넣고
홀로 누운 밤

힘겹고 느린 밤이
방 한쪽 구석에서 울고 있는데
세상 바깥에서 엄마의 중얼거리는 소리를 듣는다
괜찮아 괜찮아 다 지나간다고

꿈을 부르다

소복 차림의 그녀는
낙엽이 젖던 흐릿한 날
안개꽃을 휘감고 자유를 찾아갔다

꿈속에서
그녀를 부를 수 없는 까닭이 있다
행복했던 젊은 날을 되돌려
보라카이 에메랄드 바다로 함께 가고 싶어서이다

어찌했던 그녀는
내 눈꺼풀이 암흑 속에 묻혔을 때만
함께할 수 있었다

애벌레

처음부터
문이 벽이고 벽이 문이다
자물통을 열어준 것은
바람
바람구멍에서 바라본 하늘
아직은
푸르기만 하다

촛불과 어머니

창틈을 비집고 들어온 바람에 까불까불
누웠다 일어났다 크게 숨 한번 쉬고
자빠질 듯 벌떡 일어나 또 까불거린다

아이들의 코 고는 소리가 멀어지고
해가 산등성이를 넘어오기 전
그녀는 지친 몸을 벌떡 세우고 새벽 장을 나선다

똑똑
촛농이 쌓여가고
아이들의 나폴대는 소리가 사라지자
그녀는 더 이상 굽은 허리를 일으키지 않았고
촛불과 어머니는 영정사진 속에서 웃고 있었다

아직도 가끔은

이부자리가 앉았다 다시 눕는다
점점 높아지는 천장
작아지는 TV 소리를 키우고
느려지는 심장박동 소리가 그녀의 뒤를 따라나선다

한철 밖에 못 사는 풀들도
저토록 파릇파릇한데
혼미한 그림자만 붙잡고 살아서 될 일인가 싶어
일어나 밥을 먹고 커튼 을 걷어 올린다

가는 것은 가는 대로 오는 것은 오는 대로
내버려두고 생각날 때마다 만나면 될 텐데
아직도 깊은 밤이면 내 팔은 허우적거리기 일쑤다
외로운 밤 혼자라는 게 무섭다

옷장에 옷들은 화려한 외출을 꿈꾸는데

산딸기

CCTV 촬영 중 구름이 걷히고
달콤한 그녀가 온다
난봉꾼들이 번뜩이는 눈길로 다가오고
가장 예쁘고 빛날 때
그들의 제물이 되었다
그렇게 살아온 적과의 동침은
그녀가 다시 돌아오는 길이기도 했다

모히또

연두 닢 유리잔에 입술이 닿는 순간
혓바닥은 동굴 속 옹달샘에 잠겨버렸죠
찌릿하게 거꾸로 솟는 피가 뒤통수를 잡아당기고
귓속에서 윙윙거리는 소리가 났어요
삐져나오는 신음을 삼키며 눈을 감았지요
높은 음에 매달린 입꼬리가 하늘로 하늘로 올라갈 때
사랑한다는 말을 했어요
아닌 척 모르는 척 감추지 말아요
그대 입술에 별이 쏟아지는 걸요

시가 오는 길

꼬리에 꼬리를 무는 상상은
밤새 날아올라 아침 해를 타고 오는데
절정에 닿을 수 없는 고된 연줄이
풀린 실밥처럼 너불거린다

잠깐 동안 설레었던 잘난 둥지는
사막 한가운데서 홀로 뒹굴고
반짝이는 햇살 이마에 닿을 때쯤
그는 저만치 멀어지고 있었다

어둠 속에 매달린 작은 별들도 스스로 빛을 내 건만
온갖 자책과 한숨으로 그의 부재만을 탓하는 아둔함이
제 자리를 맴돌 때
이미 그는 떠나고 없었다

언제쯤 그를 만날 수 있을까

밤 바닷가에서

파도가 들락거리는
수평선 위에 앉은
달빛이 서럽다

고요함이 층층이 누운
그을린 방파제 건너
빈 몸으로 서 있는 등대

전쟁 같은 시간들을 보내고 온
나의 동해바다
쌀뜨물이 밀려오는 모래 위를 걸으며

아
안전하다
평온하다

양평의 사계

시린 강 건너 돌아온 순한 바람이
산수유 가지를 노랗게 물들이고

세미원 여름 연꽃은
심청이 치마폭에 나빌레라

천년 넘은 은행나무 전설은
마의태자 혼불을 되살리고

멀리서 달려온 두 물은
한 몸으로 얼싸안아 물안개로 뒹군다

제3부

가람을 걷다

비밀번호

이끼 틈새를 비집고
올라오는 넝쿨들은
금세 나를 가둬 버린다

철창으로 바뀌는 숲
바람결 따라
낯 선 언저리로 떠돌고도 싶은데

눈을 떠 보면
그 자리
찾을 길 없는 나의 출구

비밀번호를 어디 뒀을까

그 순간

고통이 절벽 밑으로 줄줄 흐르는데도
숨은 땀구멍에 착 달라붙어 들키지 않는다
어둡고 깊은 싱크홀에서 하얗게 살을 태우고
썩은 내를 품고 빛을 향해 안간힘으로 발버둥 친다
찢어지는 비명은 비수가 되어 머리통에 꽂히고
몸은 차가운 바닥으로 서서히 내려앉는다
그 순간
아름답거나 달콤하게 살아내는 싱싱한 살들은
이미 내 것이 아니므로 소원하지 않는다
낭떠러지에 자동차가 뒤집히는 순간에도
오만가지 생각으로 악착같은 내일이 떠올랐고
절망하거나 포기하지 않았는데
내 속 긴 터널의 협착은 모든 것을 놓아버리게 하였다
저승을 건너 힘겹게 이승으로 오는 그 순간
깨달았다
오직 간절할 때 꿈은 가까워지고
견디면 다 지나간다는 것을
지나온 것 다가오는 것 모두가 내 것임을

펑펑 울고 펄펄 웃으며 순간을 영원으로 살아야겠음을

딸아

때론 모질고 쓰린 말을 던지며
열람의 눈을 강요했지만
현명한 너는 눈길도 주지 않았어
그것이 비록 억지로 참아내는 허세이거나
서러운 불꽃으로 가슴을 데일지라도
스스로 차가운 입김으로 식힐 줄 아는 아이였지
매일 아침 열쇠 구멍으로 이불을 뭉개는 피곤한 소리와
힘겹게 아침 해를 밀고 나오는 너의 미소는 하얗게 빛이 났단다

너는 나를 움직이게 하는 힘이 있고
내 비겁한 상상을 쓸데없는 우려로 만들어 버리는 재주가 있는 아이였다
때론 머릿속이 하얗게 삭아버려서 하루의 일기를 쓸 수 없을 때
가끔 소주잔 안에 춤추는 너의 얼굴은 나의 옛 청춘이었고
싱싱한 너의 목소리는 내 비리고 허약한 문장들을 되살아 나게 하였다

애야
시계가 거꾸로 가는 듯
너는 내가 되고 나는 너의 철없던 유년 시절로 되돌아가는 것 같구나
하지만 변할 수 없는 것은 천지에 하나뿐인 내 딸은 너 일 뿐이고
나는 너의 모자란 엄마라는 것
하늘과 땅 사이 어떤 사연에 맞닿아도 나는 너의 편임을 알아줬으면 한다
내 딸아

8033호실에서

가부장 투구 쓴 그녀의 파랑새가
즐겨 부르던 청포도 사랑 노래 들으며
구둔리 무덤으로 달려간다.
잠든 하얀 시트 위에서
카톡 카톡
나의 파랑새가
언제 오냐고 저녁 끼니를 물어본다.
어린 딸아이
제 방에서 혼자 재우던 첫날밤처럼
잠든 엄마를 홀로 두고
쇳덩이 단 발걸음으로 병실 문을 나서는데
배웅하는 그녀의 눈빛이
가슴 바닥을 누른다

밥 한 끼 뭐가 대수라고…

블루베리의 밀어

벌들의 전쟁이 끝나고
바람에 떨어진 꽃으로
알알이 달콤해진 너
뜨거운 햇살과 몰아치는 빗살에도
시퍼렇게 버텨왔는데
욕망의 혀끝에서 옷은 벗겨지고
일순간 그들의 먹이가 되었다
그래도 다시 돌아오겠다던 밀어.

훔친 그림자

그가 자꾸만 묻는다
너의 가슴에 다른 우주를 품은 것은 아닌지
너의 그림자가 나와 얼마나 함께할 수 있는지
행복한 그녀는 그의 물음에
피노키오도 되고 호호 아줌마가 되기도 한다
빠른 심장박동 소리를 내는 그들은
달콤할수록 빨리 녹아버리는 사탕을 걱정하면서도
훔친 그림자를 몰래 달고 다니는 아슬한 도둑이다

복권

눈보라 치던 겨울밤
똥지게 지다 주저앉는 꿈을 꾸고 복권을 샀다
이날까지 공짜 없고 횡재수도 없는 내가
올케의 카톡으로 건네온 엄마의 기원문을 보고
또 복권을 샀다
'숙이 홍이 정례야 서로 아끼고 우애 있게 잘 살아라'

엄마가 남긴 복권들은
그림자처럼 살다간 엄마의 유산이었다
엄마가 남긴 기원문을 보내올 때
가시지 않는 이 먹먹한 그리움은 오빠일까
복권에 남은 미련일까

그래, 기도는 가난한 꿈을 더 빛나게 하지
내 발걸음은 다시 복권 상점 앞에 멈춘다
요행도 없고 유산도 없지만
꿈을 꿀 수 있잖아

사우나

아 시원하다
예가 천국이지
가는 다리에 볼록한 배를 주름진 손으로 꼬집어
세월을 가리려 애쓰는 벌거벗은 여인들
뜨거운 막 속에서 눈웃음으로 서로의 몸을 훔친다
앗 뜨거
한 여자가 문을 열고 발을 딛는 순간
분홍빛 젖가슴을 가리고 문밖으로 튕겨 나간다
아직 자격이 안되는 어린 여자였다
세상 온갖 남정네들의 비리와 곪아가는 관절들의 염증
피비린내 나는 삶들이 뜨거운 수증기 안에서 떠들썩하다
그것들은 절대 밖으로 나오지 않는다
그 안에서는 늙지도 않는다
그녀들의 입과 몸이 지칠 때쯤 하나 둘
샤워를 하고 온갖 화려한 껍데기를 걸치고 문밖으로 나온다
서로를 못 본채 제 갈길를 간다

비가 오나 눈이 오나 우울하고 힘들 때는 그녀들이 온다

삶의 무게가 없는 밀폐된 방
실오라기 하나 걸치지 않은 뜨겁고 시원한 그곳은 천국이다
추적추적 비 내리는 아침
쑤셔대는 몸뚱아리가 천국으로 간다

바다 너머 무엇이 있을까

겨울 바다를 본다
시퍼렇게 멍든 바다 끝. 수평선이
하얀 명주실로 늘어져 있다

쉴 새 없이 몰려드는 파도는
철썩철썩 쏴아아아
다가오지 말라고 소리친다

산산조각으로 부서지는
하얀 포말 들의
수많은 이야기

바다 한가운데 쏟아붓는
햇살을 뚫고
갈매기 한 마리 날아오른다

바다 나침판을 따라가면
그 끝에
무엇이 있을까

파도가 쓸고 간
긴 이야기들이
다시 이 자리로 되돌아오진 않을까

갈매기를 따라가다
허망한 나를 붙잡고 맨발로 집으로 돌아왔다
내일은 내게 꼭 맞는 새 신을 사야겠다

지금 나는

눈은 내리고
온 세상이 회색으로
먹먹해지는 아침

놓아버린 그녀의 눈빛과
까만 눈물을
잊으려 한다

쌓여가는 눈의 무게에
꺾여버린 소나무를 보며
그 길을 돌아서 가려 한다

웅크린 가슴 붙잡고
비겁한 소동을 부리며
집 안으로 들어선다

길에서 길을 잃을까

관절

찌릿한 번개가 살집을 뚫고 지나가자
내려앉는 왼쪽 다리에 손이 간다
허리에서 다리까지 터널을 뚫어야 할까
이놈을 해치우려면 송곳 바늘이 어떨까

해가 달을 가릴 때까지 밤새 남편의 무릎을
굽어진 손으로 주물던 엄마가 생각난다
나 또한 겨울잠은 어림없다
유전인지 기도가 너무 짧은 탓인지
욕심 많은 삶이 안팎에서 쉴 새 없이
이놈을 부려먹은 탓일 수도 있겠다

내일은 기어코 수선이 필요하다

엄마 냄새

소매 끝자락 붙잡고
장독대 안개 꽃살 접어 올린다

황금빛 누런 된장을
한 국자 퍼서
활활 타오르는 뚝배기 살집에 넣는다

보글보글 구수하게 피워 오르는
엄마 냄새 먹는다

꿈

어둠이 목덜미에 내려앉아
나의 숨을 집어삼킬 때
네모난 상자 안에서 눈을 감았습니다

엄마와 나는 몽환의 바닷속으로 들어가
흰수염 고래등을 타고
파스텔 고운 궁으로 갔습니다

오래 함께 할 거란 생각도 잠시
점점 바닷물결이 하얗게 나의 몸을 펄럭이며
어느 내일에 눈을 떴습니다

생각해 보면
그리움과 기다림은 필요 없을 것 같습니다
그녀와 나는 매일 만나고 있었던 것입니다

눈썹을 열고 닫을 때

감았던 눈을 뜨며
빛과 어둠이 열렸다 닫혔다 하는 사이
매일 밤 침대 시트와 암막 커튼은 죽고도 살아 낸다

그믐달 서서히 가슴 아래로 기울일 때
나는 간절히 기도한다
어둠이 빛으로 깨어나길

마침 사이

아리아리

향불에 독경소리
주머니 없는 옷 한 벌
걸치니
마침 길은 시작 길

아리아리

가람을 걷다

물의 정원을 걷습니다
봄볕 받은
땅의 바닥은 찰지고
강물은 불어나 있습니다
살랑대는 바람이 흙냄새에 얹혀진
그 길을 걷고 있습니다
저만치
연꽃 핫도그 포차가 시끌벅적합니다
고인 침을 삼키며 빠르게 지나갑니다
며칠 전 물의 정원에서
새끼들의 입속으로 먹이를 넣어주던
어미 철새들이 보이지 않습니다
어린 철새들만 종종거리며
몰려다니고 있습니다

다시 물의 길을 걷습니다
새끼들이 보이지 않습니다
그새 어른이 되어 훌쩍 날아간 모양입니다
철새들은 기다림을 알고

때를 아는 것 같습니다
계절이 지나 겨울이 다시 오면
그들은 돌아와 사랑을 하고
새끼를 돌보겠지요
다음 해는
연꽃 핫도그도 먹고 싶습니다
지금처럼 그림자 기대어 끝없이 걸으며
물의 정원에서 봄을 만나겠습니다

내 친구야

딩동!

커다란 솥단지가 현관을 들어선다
아랫녘 곶감도 달디단 조생귤도 따라왔다

시커먼 연기가 식탁에 올라가고
미역국인가 싶더니 토종닭이 능이버섯에
몸을 풀고 있었다

뭉클거리는 가슴으로 친구의 땀을 먹는다
병은 사라지고 친구만 남았다

오래오래 살려고

빨갛게 익은 햇살을 품에 안고
집 앞 논두렁을 걷는다
유산소 운동이니 근력 운동이니
좀 더 이승에 머물고 싶은 욕심 일게다

흘러가는 시간을 멈추고 싶어
부끄러운 민낯으로도
들꽃처럼 자유롭게
나의 하늘을 마신다

헉! 어느새 돌다리를 건너
집 앞 계단을 오르고 있다
내일이 빨리도 오는구나

바람

바람이 분다
마른하늘에 벼락이
강렬한 빛으로 내리 꽂힌다
컴컴한 어둠 사이
그와 그녀가 손을 잡고 서 있다
하얀 이를 드러내며 웃는 그의 모습이
현미경으로 보는 듯 선명하다

마른 낙엽은
차가운 땅바닥에 뒹굴고
비바람이 별빛조차 쓸고 간 밤
그들은 젖은 어둠에도 행복해 보였다
내 눈이 흐릿해지거나
내 발걸음이 조금만 느렸으면
좋았을 텐데

나는 나를 속이며 한참 동안 서 있었다

제4부

풀쑥 물들다

대파와 쪽파

높이 오르기 위해
푸른 물을 마시고
단단히 힘을 모아
정직하게 몸을 뻗는다
비바람에도 머리가 땅에 닿지 않게
허리를 펴고 견뎌낸다
어느 날
그들 곁으로
부드럽고 가냘픈 아이들이 태어났다
아이들은 다툼 없이 서로를 기대어 쑥쑥 자란다
때때로 현관문이 여닫는 순간마다
하나 둘 사라져 가지만
의심하거나 불안해하지도 않는다
서리 내리고 땅이 굳어지자 선택받은 몇몇은
종자 씨의 훈장을 달고
따뜻한 비닐 속으로 이사했다
입김으로 언 손을 녹일 때
그들의 주인은 더 이상 현관문을 열지 않았다

모종

햇살 고운 앞마당에
시루떡 같은 고물을 다지고
그 위로 아이들을 줄 세웠다
작고 연약한 그들에게
달콤한 샘물을 먹이고
새콤한 영양제도 주었다
쑥쑥 자라라
건강하게 자라라
주문을 외며 다독인다
아이들은 저마다 고개를 내밀고
다투어 일어선다

내 엄마도 나에게 그러했다

지나가는 것들

꽃가루가 온몸에 아토피를 가져와도
뜨거운 태양이 살을 태워도
메마른 낙엽이 비바람에 찢겨도
폭설이 자동차를 막아서도
소용없다

화장을 해도
영양제를 먹어도
운동을 하고 다이어트를 해도
명품백을 들어도
소용없다

계절과 청춘은 제 갈 길을 간다

하얀 국화꽃 놓일 때

비 만오면 눈물이 나요
당신이 생각나서일까요
언제까지 그리워해야 하는지
그녀 향이 내 몸 전신에 배어서
결국엔 점점 더 비가 와요
이런 날은 침대 모서리에 기대어 펑펑 울고 싶고
잠깐이라도 보고 싶은데
그녀는 어디에도 보이지 않네요

무릎 꿇고 그녀에게 국화꽃을 바쳤을 때도
야속한 마음만 앞섰지요
그 지독한 애정을 밥 먹듯 먹어치우고
비가 와서 그녀의 어깨가 젖어도
안 암의 통증에 눈동자가 젖어도
난 알아채지 못했어요

국화꽃이 시들어 마른 바람에 뒹굴고
땅속 깊이 녹아내릴 때 즈음에야

그녀가 나의 에너지였음을 깨달았고
내게 얼마나 소중한 사람이었는지
나를 얼마나 사랑했는지도 알게 되었습니다

이승의 소풍을 끝내고 다시 그녀를 만나면
한 번도 하지 못한 사랑한단 고백을 하고 싶습니다

오아시스 365

기회를 놓치지 마세요
세리머니를 할 수 있는 기회를요
승패는 문제가 안 돼요
도전을 예열하는 시작이 중요해요
그것도 없으면 그냥 신발을 신을 때
다음 일을 생각해요
매일 버리고 사는 것도 용기가 필요하죠
운 좋게 세리머니를 했다면
숨 쉴 때마다 들려오는 심장 소리가
얼마나 고마운지 알아야 해요
사는 게 별건가요
어제와 내일을 버리고

오늘만 오늘만 사는 거죠

옷고름을 여미고

힘겹게 말아 올리는 눈꺼풀이
그 행간을 열었다 닫았다 하는 사이
그녀는 서서히 옷고름을 풀어헤친다

검은 육신은 차가운 바람을 두르고
명주옷 한 벌에 기대어 길을 떠난다
옷소매를 붙잡고 매달려도
소용없다

꽃이 피고 새가 우는
어느 봄날
나의 몸속으로 그녀가 찾아왔다
옷고름을 단단히 여미고 그녀와 산다

손금

경(經)이 따로 없다
이 길
따라가면
하나가 셋이 되고
셋이 하나 되는
천수(天壽)가 있다

풀쑥 물들다

풀쑥 길에는
노을 같은 번짐이 있다
길 가운데 서면
윙윙대는 바람 소리가
서걱거리는 풀새소리가
왕왕대는 벌떼 소리가 있다
때론 마구마구 풀쑥풀쑥 덮여버려서
미처 가리지 못한 틈새
발그레한 풀꽃이 핀다
풀쑥 길에는
하늘로 흐르는 푸른 길이 있다

그와 함께

자전거가 가로등 불빛을 빠르게 가른다
급브레이크를 잡는 순간 시멘트 바닥이 솟아오른다
철퍼덕 꽝! 별이 반짝이고
꽁지뼈가 부서지는 고통을 느낄 때
저만치 입꼬리를 올린 그가 걸어온다

죽지 않아 다행이라며 엉덩이 흙을 털어준다
그만이 할 수 있는 일이다
하루 전의 기억도 희미한데
삼십 년 전의 몸을 자전거가 기억하겠냐고 말하는 그의 위로는
좀전의 서운함을 잊게 해 준다

함께 걷는 산책길
밤벌레가 가로등을 뒤덮어 깜깜할 땐 핸드폰 빛으로 길을 비춘다
미웠다 좋았다 그러면서 살아가는 우리는
나이가 늘수록 더 깊은 어둠의 길은 걷지 않는다

헤어짐을 아쉬워하지도 만남을 크게 기뻐하지도 않으면서
그렇게 덤덤히 곁을 주고 살아간다

여러 번 산책길 별들이 머리 위에 앉았다 사라지고
가로등이 희미하게 꺼져가도
그저 서럽지 않게 작은 미소만큼만 서로를 바라보면 좋겠다

서로에게 얼룩이 되다

꽁꽁 얼어붙은 겨울꽃이
긴 겨울 처마 끝에서 떨어진다

봄은 왜 천천히 오는 걸까
기다림이 시간을 늘어뜨리는 것일지도

여름은 왜 느릿느릿 지나갈까
햇살이 뜨거워 달리기를 못 해서 일 거야

가을은 넘 빨리 지나가
색색 단풍에 손님 마중이 피곤해서 그러겠지

어찌했던 그들은 서로에게
아름다운 얼룩이 된다

적과 흙의 블루스

은밀한 향기가
방자히 차오르는 심장을
꾹꾹 눌러가며
사뿐사뿐 내딛는 블루스

꽃잎처럼 겹쳐진
능금빛 음색으로
춤추는 적과 흙의 블루스
아! 블루스 연가여

연꽃

달빛에 달구고
이슬에 담그니
날마다 향기롭다

나의 시간

생머리에 청바지
하얀 운동화 즐겨 신던 그때는
아무리 헤프게 써도 남았다

착한 남자와 아이들을 낳고 한통속이 되니
돈에 매달리고 근심 걱정 키우느라
내가 없고 엄마만 있었다

예순이 되니 고장 난 몸뚱아리가
여기저기 비명을 질러대도
무정한 시간은 쉼이 없다

지금에야 아끼고 쟁여두고 싶은데
나의 시간은 아쉬움만 쌓여가고 KTX 만큼
빠르게 지나간다

어머니의 근로기준법 2

어머니에게는
근로기준법이 없다

끊임없는 고난 속에서도
언제나 온화하고 당당하시며
아무런 연기가 없어도
그대로 명배우이시다

개척자도 되고
철학자도 되는 어머니는
그 어떤 영웅도 당해낼 수 없다

어머니의 숨결은
봄 능선처럼 포근하며
혼은 비장한 수목처럼 엄연하다

오래 살아라
건강하게 살아라
좋은 사람으로 살아라

수정보다 맑고
깊은 눈으로 말씀하신다
이제는 휠체어에도 안 계신 어머니

나의 등불
나의 그리움이시다

사람들은

콘크리트 정글 속 사람들은
밤낮을 부대끼며 살아가도
좀처럼 닮기 힘들다

황폐해서 목마름에 울부짖거나
황홀한 곳을 찾아
달콤한 물을 마시거나

밤과 낮이 다른 그들은
한 하늘 아래서 땅을 먹고
제 소갈머리로 산다

살풀이

풀섶 길 따라
나실나실 춤춘다

이슬 옷 마다않고
둥실둥실 춤춘다

달빛 사연 머리 이고
무아지경 춤춘다

벽장속의 애인

네가 오지 않는 몇 해
눈물로 해지고 있는 나는
죽을 것만 같다

네 속에 갇혀
곰팡이 피어 가는 나
다시 살아나지 않는 그날을 따라
후회만이 들고나는
미닫이문

이젠 너의 취향대로 입은
하얀 레이스 치마가 흔들린다
점점 강해지는 고독
벽장을 가둔 바람의 힘으로...

순이와 우식이 워낭소리

아이고 참말로 거시기하네
찬도 없는디
우째 그리 맛있게 묵냐
어젯밤에 아랫동네 우식이가
힘들게 거시기 했나 어쨰스까
하룻밤 새
우리 순이 눈이 더 커져 부럿네
마이 묵고 떡두꺼비 같은
아들 하나 낳아 줘 보랑께
내 맘이 시방 급한지라
우리 손자 대학 갈라믄
니가 거시기 잘해야 되블랑께
니 새끼도 식구고
내 새끼도 식군디
내 속도 타들어 간다
그래도 어쩌것냐
타고난 운명이다 여겨뿌라
염병
다음 생에는 바꾸어 태어나 불자잉

후기

눈물 속에서도 미소를 잃지 않는 사람
지구가 전부 자신의 것이 되어도
그런 것은 아무런 의미도 없는 사람
가령 낙원에 살고 있어도
언제나 고생을 거듭하는 사람
무슨 일이 있어도 결코 지지 않는 강한 명랑함
세상의 권력과 재보, 명성의 허무함을 유유히 내려다보는
현명한 철학을 가진 사람
그것은 어머니!

어머니 이상으로 존귀한 사람이 또 있을까
가장 평범하더라도 무명(無名)이라도 진실로 살아
승리해 나가는 사람
내가 가치를 창조할 그 어느 때까지
나의 어머니는 흔들림 없는 마음으로 격려해 주었다
어느 때는 상냥하게 어느 때는 강하게 또 어느 때는
언어의 꽃다발로
짓눌리는 괴로움의 밑바닥에서
비로소 인생과 생명의 진수를 느낄 수 있다는
어머니의 말씀이 생각난다

내가 고뇌에 빠졌을 때 어머니는
그것은 승리의 디딤돌이 될 것이라 하였다 옛적
소학교만 나오신 어머니가 어떻게 그런 용기와 결단력을
배웠을까

나는 어머니에게 가장 소중한 것이 무엇이냐고 물었다
어머니는 망설임 없이 자식이라고 하였다
이렇게 절대적이며 간단명료한 대답은 어머니만 할 수 있는
것이 아닐까

나의 어머니는 언제나 아무것도 못해줘서 미안하다고 하신다
그 정성은 쏟아도 쏟아도 부족하다고 생각하시나 보다
항상 너의 몸은 소우주라고 귀하게 여겨야 한다는
어머니의 깊은 철학이 가끔은 잔소리로 들릴 때가 있었다
이제는 그 잔소리가 아플 만큼 듣고 싶고 그립다
어떤 때라도 자식과 가정을 위해 마음을 쏟고 도전해 가시던
나의 어머니

그 사랑과 자애를 생각하며 나 또한 그 길을 가려고 한다

해설

서정이 나래 치는
시의 메아리

김왕노 시인

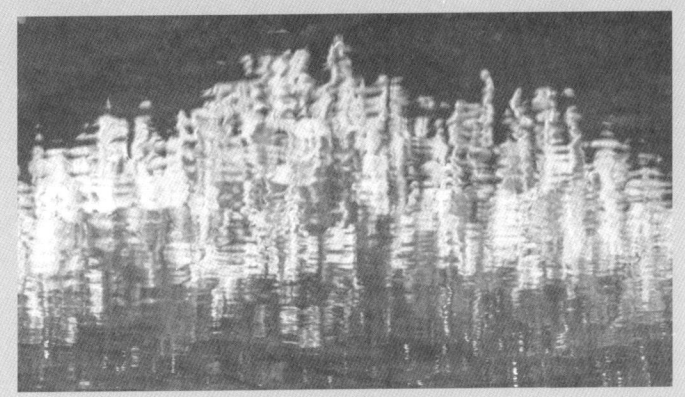

해설

서정이 나래 치는 시의 메아리
– 강정례『우리 집엔 귀신이 산다』

김왕노 시인

강정례 시인은 첫 시집『반죽 소리』에 이어 두 번째 시집『우리 집엔 귀신이 산다』를 통해 자신의 목소리를 꾸준히 내고 있다. 어떤 시대적 상황이나 힘든 삶의 현장에서도 흔들리지 않고 시인의 목소리는 뚜렷하다. 이 뚜렷함은 색깔이 되고 시의 명징함을 높이며 다른 시인들의 시와 차별성을 보이기에 시인의 개성으로 자리 잡았다. 읽기를 강요하지 않고 서술해가는 시이기에 시를 받아들이는 이에게 잔잔한 서정의 잔물결로 다가온다. 시에서 당당하게 등장하는 엄마는 그녀와 시, 현실에서 공존하기를 바라는 존재다. 여성성의 상징이고 모든 여성의 롤모델이자 여성이 지향해 가는 어머니. 전통적인 어머니의 모습과 현대사회에 적응하고 진화해 온 자신과 같은 엄마라는 존재이다. 순정과 순종의 엄마이고 시간과 공간 모든 것의 근원인 엄마다. 절대 불멸의 여성성으로 등장하고 매력적이고 시인의 무의식 깊은 곳까지 남성의 의식까지 지배하는 엄마다. 시인의 목소리는 낮으나 흡수력과 강한 감동을 주는 것은 가식이나 과장이 없고 꾸

미지 않는 민낯의 시를 쓰기에 시가 더욱 돋보이는 것이다. 그것이 시인의 필력인 것이다.

1. 우주 기원의 엄마

누구나 최초가 있고 어디나 태초가 있고 최초와 태초는 엄마가 여는 것이다. 모든 기원의 손길은 엄마의 손길인 것이다. 엄마가 생명을 걸고 곱게 실어준 힘으로 그 관성의 힘으로 삶의 고지를 향해 유토피아로 가는 것이 우리이다.

> 창백해지는 우주의 푸른 점
>
> 엄마는 언제부터 밤하늘을 보기 시작했을까
> 엄마의 엄마 또 엄마는…
>
> – 중략 –
>
> 46억 년을 지켜온 따뜻한 엄마의 목소리를
> 내 아이의 아이는 들을 수 있을까
>
> 「창백해지는 우주의 푸른 점」 부분

엄마는 언제부터 밤하늘을 보기 시작했을까
엄마의 엄마 또 엄마는…

시인의 시 키워드가 무엇인지 금세 알 수 있다. 엄마는 당연히 생물학적 엄마이지만 별을 바라보는 시인의 마음을 타고 우주로 확산 되어가는 엄마다. 누대에서 누대로 이어오는 시간을 지배하는 엄마다. 여기서 시인은 엄마를 불멸의 엄마로 완성 시키려는 강한 의지를 시 여기저기에서 보여주고 있다. '창백해지는 우주의 푸른 점'에서 엄마를 부활시키려는 안간힘이 엄마에 대한 애정이 시 밑바닥에 깔려 있다.
'46억 년을 지켜온 따뜻한 엄마의 목소리를 내 아이의 아이는 들을 수 있을까'에서 드디어 시인의 엄마가 가면을 벗는다. 46억 년 지구와 생몰연대(生歿年代)를 같이 하는 엄마다. 창조주 엄마와 같다. 엄마는 희생의 슬하로 우리를 키우셨지만, 위대한 우주의 엄마다. 엄마는 엄마이며 지구의 대변자고 지구의 기원이고 우주의 일에 관여하는 엄마다. 그러므로 시인의 엄마는 평범한 엄마지만 시인의 태초고 지구의 태초와 같은 엄마이기에 시인에게 엄마는 큰 존재일 수밖에 없다. 시인은 시인의 엄마를 인식하고 확장된 엄마의 존재감을 항상 느끼는 것이다.

2. 시의 숨통인 엄마

숨통이 숨이 생명을 좌지우지한다. 숨통으로 드나드는 것이 숨이고 숨결이다. 숨은 존재의 근본이고 존재유무의 기준이다. 살아있는 것, 죽어있는 것, 하나 큰 눈으로 보면 행성도 행성의 숨이 있을 것이다. 하여 연속성이 있는 것을 숨이 있다는 것도 과장이거나 비약이 아닐 것이다.

- 상략 -

내 안에 강은
어제와 내일을 품고
변성기 지난 풀피리 소리를 내며
남한강 모래톱에서 숨을 고른다

생각해 보면
강은 오래전부터
어머니의 숨소리였다

-「숨」부분

강정례 시인은 강마저 어머니 숨소리로 보기에 시인은 존재하는 모든 것에서 엄마를 느끼며 엄마를 찾으려고 한다.

어머니를 잃은 상실감이 출발점이다. 사람은 본능적으로 자신의 뿌리를 향해 굽는 굴지성 같은 것이 있기 때문이다.

내 안에 강은/어제와 내일을 품고/변성기 지난 풀피리 소리를 내며/남한강 모래톱에서 숨을 고른다

내 안의 강은 엄마고 어머니의 숨소리였다고 말하여 엄마와 연을 끊지 못하고 사는 시인을 적나라하게 드러낸다. 그리고 점층적으로 서정의 깊이를 더해가는 시이므로 읽기 편하고 격조 높은 시로 자리매김하는 것이다. 생명의 본질적인 문제인 숨을 자연스럽고 천연덕스럽게 재인식시키는 것이다. 성장이란 것은 결국 자기의 반경을 넓혀가는 것이지만 넓혀갈수록 필요한 것이 숨이다. 숨은 모든 것의 맥인 것이다.

3. 육화된 엄마, 시공을 뛰어넘는 사모곡

시가 사모곡이다. 사모곡이나 시의 리듬이 있고 시의 즐거움이 있고 느낌이 있고 시 이상의 뭉클한 감동을 던져 주기에 읽은 맛과 멋이 있는 것이다.

엄마가
벌거벗은 채 목욕탕 대야에 넘치는 물을 잠근다
그녀의 오지랖이 내 등을 떠밀어
흘러넘치는 대야를 바라보게 한다
그녀는 내 몸과 머릿속을 들락거리며 잔소리를 해 댄다
물기를 짠 음식 쓰레기를 볕에 말리고 갈아서
화분에 주던 일들을 나에게 시키고
미뤄놓은 설거지통으로 나를 데려가고
비 오는 날엔 헐레벌떡 뛰어가는 내게 우산을 건네주기도
한다

삐딱하게 살고 싶을 때마다 그녀는 나를 바로 세운다
내 나이가 늘어갈수록
그녀는 내게 착 달라붙어서 나를 곰삭이고 발효시킨다
매일 똑같은 시간에 나를 흔들어 깨우고
나는 늘 하던 대로 밥을 짓고
그녀의 능숙한 손끝으로 찬을 버무린다
이제 나는 그녀가 되어 가고 그녀는 내가 되었다

오늘은 두근거리는 가슴을 안고 구둔리 무덤에 있는 아버지
그녀의 연인을 만나러 간다

-「우리 집엔 귀신이 산다」 전문

시인 자신이 엄마가 자신에게 물려준 유산이다. 우리가 늘 그리워하는 엄마의 손맛을 재현해 가는 것이다. 빙의되고 육화되는 것이 아니라 아예 자신이 엄마고 엄마가 자신이다. 엄마를 축으로 쳇바퀴를 도는 것 같으나 자신을 축으로 엄마가 돌아가며 끝내 생과 사를 뛰어넘는 생사를 무화시키고 엄마와 공존한다. 불멸을 꿈꾼다. 이 절절한 '우리 집엔 귀신이 산다'를 빚어낸 것이다.

> 부슬부슬 비 내리는 날
> 청양고추 잘게 썰고 창호지 같은 밀풀에 빼곡히 부추 넣은
> 그녀의 쫀득하고 구수한 부침개 냄새가 난다
> 전을 부치는 엄마는 막걸리 한 잔을 나는 달디단 소주를 삼켰다
>
> 어느 날 그녀의 호탕한 웃음은 사라지고
> 따닥따닥 비 오는 부침개 소리만 요란하다
> 마주한 빈 의자엔 아직도 그녀의 온기가 서려있고
> 나는 그날의 기억들을 소주잔에 따른다
>
> —「비 내리는 부침개」 전문

입에 군침을 돌게 하는 시다. 시각과 후각을 극대화시켜 우리를 거침없이 추억 속으로 소환하는 시다. 쫀득한 시의

질감도 느끼게 한다. 청양고추 잘게 썰고 창호지 같은 밀 풀에 빼곡히 부추 넣은/그녀의 쫀득하고 구수한 부침개 냄새가 난다를 읽다 보면 나마저 부침개와 막걸리 한 사발을 쭉 들이켜고 싶은 충동이 일어나는 것이다. 짧은 시지만 엄마를 이렇게 그리워하는 시인의 곡진함이 구구절절하다. 엄마가 떠난 빈자리를 채워가는 시인의 모습이 그려지기도 한다. 엄마의 자잘한 기억의 퍼즐로 거대한 엄마의 존재를 복원한다. 시공을 초월하는 시가 어떻게 존재하는가를 생각하게 하는 시다. 가장 흔한 주제인 엄마라는 주제로 여러 가지 측면에서 생활에서 언뜻언뜻 나타나는 모습이고, 읽으면 공감이 되고 그 공감은 흔해서가 아니라 특별하다는 느낌이 드는 이유도 시의 리듬과 흐름, 짜임이 예사롭지 않기 때문이다. 어머니를 사모하기에 통곡하는 것이 아니라 절제된 감정으로 알뜰하게 어머니를 반추하기에 『우리 집엔 귀신이 산다』는 뛰어난 사모곡이자 뛰어난 서정 파노라마이다.

강정례 시집 『우리 집엔 귀신이 산다』는 결국 효의 경전이다. 시인 자신이 엄마를 몸소 실천하는 사랑학개론이다. 시어가 난해하지 않고 구체적이어서 흡수력 강한 서정시의 파노라마다. 우리와 친숙하고 자연스러움으로 서정으로 이끌어 가는 힘이 돋보이는 시인의 시 행보가 더욱 궁금해지고 머지않아 그의 개성 강한 시 세계를 구축할 것이 자명하다.

김왕노 프로필

1957년 12월 24일 경북 포항(옛 영일군 동해면 일월동) 출생. 공주교육대학교 학사. 아주대학교대학원 석사. 1992년 매일신문 신춘문예에 시 「꿈의 체인점」이 당선되어 등단했다. 시집으로 『황금을 만드는 임금과 새를 만드는 시인』 『슬픔도 진화한다』 『말달리자 아버지』(문광부 지정도서) 『사랑, 그 백년에 대하여』 『중독』(박인환문학상 수상집) 『사진 속의 바다』(해양문학상 수상집) 『그리운 파란만장』(2014년 세종도서 선정) 『아직도 그리움을 하십니까』(2016년 세종도서 선정) 『한성기 문학상 수상집』(2017년) 『게릴라』(2016년 디카시집) 『이별 그 후의 날들』(2017년 디카시집) 『리아스식 사랑』(2019년) 『복사꽃 아래로 가는 천년』(2020년 문학나눔 선정) 『아담이 온다』(2021년 디카시집), 『도대체 이 안개들이란』(2021년) 등이 있다. 지난 계절의 우수 작품상, 한국해양문학대상, 박인환문학상, 지리산문학상, 디카시 작품상, 한성기문학상, 풀꽃문학상, 2018년 제11회 웹진 시인광장 선정 올해의 좋은시상, 시작문학상, 황순원문학상 등을 수상했다. 전 『현대시학』 회장. 전 『수원문학』 주간. 한국디카시인협의회 운영위원. 전 한국시인협회 부회장. 시인축구단 글발 단장. 『한국디카시학』 주간. 웹진 『시인광장』 주간. 문학잡지 『시와 경계』 주간.

학력   2002 아주대학교대학원 석사
1988 공주교육대학교 학사

수상   1992 매일신문 신춘문예 당선
지난 계절의 우수 작품상
한국해양문학대상, 박인환문학상
지리산문학상, 디카시 작품상
한성기문학상, 풀꽃문학상
2018 제11회 웹진 시인광장 선정 올해의 좋은시상
시작문학상, 황순원문학상

경력   한국디카시인협의회 운영위원
한국시인협회 부회장
시인축구단 글발 단장
『한국디카시학』 주간
웹진 『시인광장』 주간
문학잡지 『시와 경계』 주간

「백운봉에서 용문산까지」 시화